爱 ài love	八 bā eight
爸爸 bà ba father	杯子 bēi zi cup

北京 běi jīng Beijing	本 běn classifier for books
不客气 bú kè qi you're welcome	不 bù no

菜 cài dish, vegetables	茶 chá tea
吃 chī to eat	出租车 chū zū chē taxi

打电话 dǎ diàn huà to make a phone call	**大** dà big
的 de structural particle: used before a noun	**点** diǎn a little, o'clock

电脑 diàn nǎo computer	电视 diàn shì TV
电影 diàn yǐng movie, film	东西 dōng xi thing

都 dōu all, both	读 dú to read
对不起 duì bu qǐ I'm sorry	多 duō many, much

多少 duō shǎo how much, how many	儿子 ér zi son
二 èr two	饭店 fàn diàn restaurant, hotel

飞机 fēi jī airplane	分钟 fēn zhōng minute
高兴 gāo xìng happy, glad	个 gè classifier for people or objects

工作 gōng zuò job, work	狗 gǒu dog
汉语 hàn yǔ Chinese language	好 hǎo good

号 hào day of a month	喝 hē to drink
和 hé and	很 hěn very

 hòu miàn back, behind, later	 huí to go back
 huì can	几 jǐ how much, how many

家 jiā home, family	叫 jiào to call
今天 jīn tiān today	九 jiǔ nine

开 kāi to open	看 kàn to look at
看见 kàn jiàn to see	块 kuài unit of currency

来 lái to come	老师 lǎo shī teacher
了 le particle intensifying preceding	冷 lěng cold

里 lǐ inside	六 liù six
吗 ma (question tag)	妈妈 mā ma mother

买 mǎi to buy	猫 māo cat
没关系 méi guān xi it doesn't matter	没有 méi yǒu haven't, hasn't

米饭 mǐ fàn rice	名字 míng zi name
明天 míng tiān tomorrow	哪 nǎ which?

哪儿 nǎ er where?	那 nà that
呢 ne (question particle)	能 néng to be able to

你 nǐ you	年 nián year
女儿 nǚ ér daughter	朋友 péng you friend

漂亮 piào liang pretty	苹果 píng guǒ apple
七 qī seven	前面 qián miàn ahead, in front

钱 qián coin, money	请 qǐng to ask
去 qù to go	热 rè hot (of weather)

人 rén person, people	认识 rèn shi to know
三 sān three	商店 shāng diàn store, shop

上 shàng on	上午 shàng wǔ morning
少 shǎo few	谁 shéi who

什么 shén me what?, who?	**十** shí ten
时候 shí hou time, length of time	**是** shì to be, yes

书 shū book	水 shuǐ water
水果 shuǐguǒ fruit	睡觉 shuì jiào to go to bed

说 shuō to speak	四 sì four
岁 suì classifier for years	他 tā he or him

她 tā she	太 tài very, extremely
天气 tiān qì weather	听 tīng to listen

同学 tóng xué classmate	喂 wèi hello
我 wǒ I, me, my	我们 wǒ men we, us

五 wǔ five	喜欢 xǐ huan to like
下 xià down	下午 xià wǔ afternoon

下雨 xià yǔ to rain	先生 xiān sheng Mister (Mr.), husband, doctor
现在 xiàn zài now, at present	想 xiǎng to think, to believe, to want

小 xiǎo small	小姐 xiǎo jie young lady, Miss
些 xiē some, few	写 xiě to write

谢谢 xiè xie to thank	星期 xīng qī week
学生 xué sheng student,	学习 xué xí to learn

学校 xué xiào school	一 yī one
一点儿 yī diǎn er a little (bit)	医生 yī shēng doctor

医院 yī yuàn — hospital	衣服 yī fu — clothes
椅子 yǐ zi — chair	有 yǒu — to have

月 yuè month, moon	再见 zài jiàn goodbye
在 zài at, in the middle of doing sth	怎么 zěn me how?, what?, why?

怎么样 zěn me yàng how are things?	这 zhè this, these
中国 zhōng guó China	中午 zhōng wǔ noon, midday

住 zhù to live	桌子 zhuō zi table
字 zì letter	昨天 zuó tiān yesterday

做 zuò to do	坐 zuò to sit
吧 ba right?,...OK?	白 bái white, snowy

百 bǎi hundred	帮助 bāng zhù to help, to assist
报纸 bào zhǐ newspaper	比 bǐ to compare, to contrast

别 bié do not, must not	宾馆 bīn guǎn guesthouse
长 cháng long	唱歌 chàng gē to sing a song

出 chū — to go out	穿 chuān — to wear
次 cì — next in sequence	从 cóng — from

错 cuò mistake	打篮球 dǎ lán qiú play basketball
大家 dà jiā everyone	到 dào to go, to arrive

得 de linking it to following phrase indicating effect	等 děng to wait for
弟弟 dì di younger brother	第一 dì yī first, number one

懂 dǒng to understand, to know	对 duì towards, at, for
对 duì correct	房间 fáng jiān room

非常 fēi cháng extreme, very	**服务员** fú wù yuán waiter, waitress
高 gāo high, tall	**告诉** gào su to tell

哥哥 gē ge older brother	给 gěi to give
公共汽车 gōng gòng qì chē bus	公司 gōng sī company

贵 guì expensive	过 guo to indicate the completion of an action
孩子 hái zi child	还 hái still

好吃 hǎo chī tasty	黑 hēi black
红 hóng red	火车站 huǒ chē zhàn train station

机场 jī chǎng airport	鸡蛋 jī dàn hen's egg
件 jiàn item	教室 jiào shì classroom

姐姐 jiě jie older sister	介绍 jiè shào to introduce
近 jìn near	进 jìn to enter

就 jiù at once	觉得 jué de to think
咖啡 kā fēi coffee	开始 kāi shǐ to begin

考试 kǎo shì exam	可能 kě néng might
可以 kě yǐ can	课 kè class

快 kuài rapid	快乐 kuài lè happy
累 lèi tired	离 lí to leave

两 liǎng two	零 líng zero
路 lù road	旅游 lv3 yóu trip

卖 mài to sell	慢 màn slow
忙 máng busy	每 měi each, every

妹妹 mèi mei younger sister	门 mén gate
面条 miàn tiáo noodles	男 nán male

您 nín you	牛奶 niú nǎi cow's milk
女 nǚ female	旁边 páng biān side

跑步 pǎo bù to run	便宜 pián yi cheap
票 piào ticket	妻子 qī zi wife

起床 qǐ chuáng to get up	千 qiān thousand
铅笔 qiān bǐ pencil	晴 qíng clear

去年 qù nián last year	让 ràng to let sb do sth
日 rì day	上班 shàng bān to go to work

身体 shēn tǐ body, health	生病 shēng bìng to fall ill
生日 shēng rì birthday	时间 shí jiān time

事情 shì qing matter, thing	手表 shǒu biǎo wrist watch
手机 shǒu jī cell phone	说话 shuō huà to speak

送 sòng to deliver	虽然…但是… suī rán …dàn shì … although…still…
它 tā it	踢足球 tī zú qiú play soccer

题 tí problem	跳舞 tiào wǔ to dance
外 wài outside	完 wán to finish

玩 wán to play	晚上 wǎn shang in the evening
往 wǎng towards	为什么 wèi shén me why?

问 wèn to ask	问题 wèn tí question
希望 xī wàng to wish	西瓜 xī guā watermelon

洗 xǐ to wash	小时 xiǎo shí hour
笑 xiào laugh	新 xīn new

姓 xìng family name	休息 xiū xi to rest
雪 xuě snow	颜色 yán sè color

眼睛 yǎn jing eye	羊肉 yáng ròu mutton
药 yào medicine	要 yào to want

也 yě also	一下 yī xià one time, once
已经 yǐ jīng already	一起 yī qǐ together

意思 yì si idea	因为 yīn wèi because
所以 suǒ yǐ therefore	阴 yīn overcast (weather), cloudy

游泳 yóu yǒng swim	**右边** yòu bian right side
鱼 yú fish	**远** yuǎn far

运动 yùn dòng sports	再 zài again
早上 zǎo shang early morning	丈夫 zhàng fu husband

找 zhǎo to try to find	着 zhe indicate action in progress
真 zhēn really	正在 zhèng zài in the process of

知道 zhī dào to know	准备 zhǔn bèi preparation
走 zǒu to walk	最 zuì the most

duō		1	2	5	6	9	10				shàng	xià
多	多	一	二	五	六	九	十			人	大	上	下
多	多	三	四	七	八	零				小	土		

shǎo		3	4	7	8	0						
少	少	是	是	不	不	是	是	是	是			家	家
少	少	是	是	不	不	是	是	是	是			家	家

		shì		bù								
五	五	六	六	七	七	八	八	九	九			家	家
五	五	六	六	七	七	八	八	九	九			家	家

他	他	他	他	他	他			她	她	她	她	她	她
他	他	他	他	他	他			她	她	她	她	她	她

我	我	我	我	我	我			家	家	家	家	家	家
我	我	我	我	我	我			家	家	家	家	家	家

爸	爸	爸	爸	爸	爸			妈	妈	妈	妈	妈	妈
爸	爸	爸	爸	爸	爸			妈	妈	妈	妈	妈	妈

北	北	北	北	北	北			南	南	南	南	南	南
北	北	北	北	北	北			南	南	南	南	南	南
西	西	西	西	西	西			东	东	东	东	东	东
西	西	西	西	西	西			东	东	东	东	东	东
去	去	去	去	去	去			往	往	往	往	往	往
去	去	去	去	去	去			往	往	往	往	往	往
来	来	来	来	来	来			从	从	从	从	从	从
来	来	来	来	来	来			从	从	从	从	从	从
走	走	走	走	走	走			多	多	多	多	多	多
走	走	走	走	走	走			多	多	多	多	多	多

nǐ

你	你	你	你	你	你			您	您	您	您	您	您
你	你	你	你	你	你			您	您	您	您	您	您
狗	狗	狗	狗	狗	狗			猫	猫	猫	猫	猫	猫
狗	狗	狗	狗	狗	狗			猫	猫	猫	猫	猫	猫

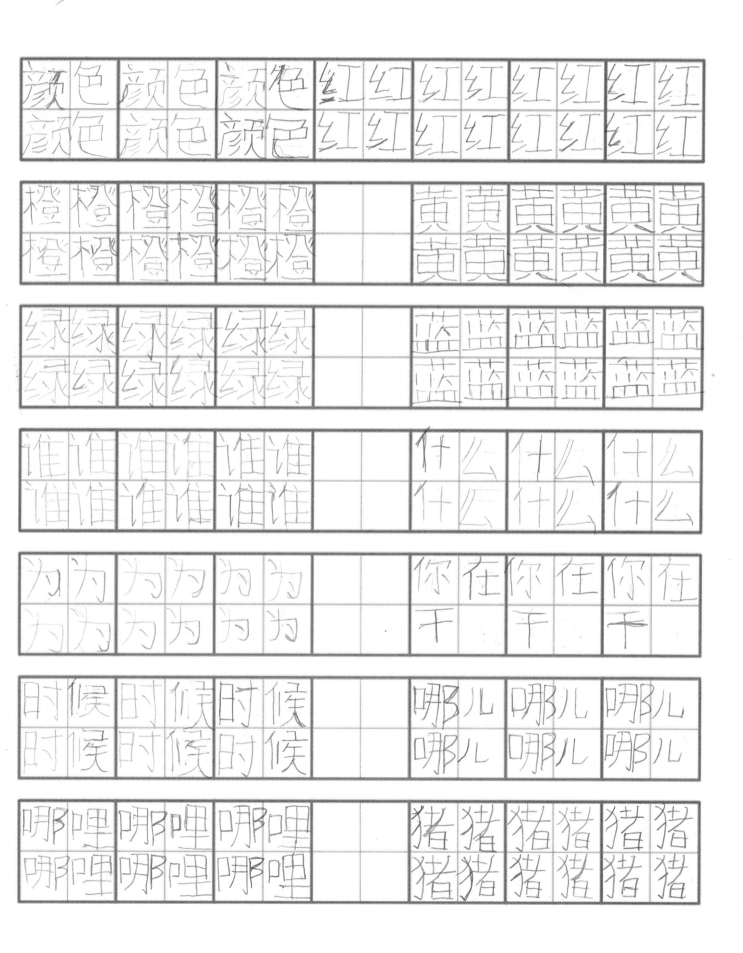

鸟鸟鸟鸟鸟鸟 鱼鱼鱼鱼鱼鱼
鸟鸟鸟鸟鸟鸟 鱼鱼鱼鱼鱼鱼

我我我我我我 妈妈妈妈妈妈
我我我我我我 妈妈妈妈妈妈

爸爸爸爸爸爸 孩孩孩孩孩孩
爸爸爸爸爸爸 孩孩孩孩孩孩

先生先生先生 丈夫丈夫丈夫
先生先生先生 丈夫丈夫丈夫

父亲父亲父亲 母亲母亲母亲
父亲父亲父亲 母亲母亲母亲

路路路路路路 商商商商商商
路路路路路路 商商商商商商

店店店店店店 餐馆餐馆餐馆
店店店店店店 餐馆餐馆餐馆

饭店 饭店 饭店　　宾馆 宾馆 宾馆
饭店 饭店 饭店　　宾馆 宾馆 宾馆

水果 水果 水果　　苹果 苹果 苹果
水果 水果 水果　　苹果 苹果 苹果

梨 梨 梨 梨　　香蕉 香蕉 香蕉
梨 梨 梨 梨　　香蕉 香蕉 香蕉

菜 菜 菜 菜 菜　　橘子 橘子 橘子 橘子
菜 菜 菜 菜 菜　　橘子 橘子 橘子 橘子

商店 商店 商店 商店 商店 商店 商店
商店 商店 商店 商店 商店 商店 商店

超市 超市 超市 超市 超市 超市 超市
超市 超市 超市 超市 超市 超市 超市

餐馆 餐馆 餐馆 餐馆 餐馆 餐馆 餐馆
餐馆 餐馆 餐馆 餐馆 餐馆 餐馆 餐馆

旅馆 旅馆 旅馆 旅馆 旅馆 旅馆 旅馆 旅馆
旅馆 旅馆 旅馆 旅馆 旅馆 旅馆 旅馆 旅馆

点 点 点 点 点 点 点 点 点 点 点 点 点 点 点 点
点 点 点 点 点 点 点 点 点 点 点 点 点 点 点 点

吗 吗 吗 吗 吗 吗 吗 吗 吗 吗 吗 吗 吗 吗 吗 吗
吗 吗 吗 吗 吗 吗 吗 吗 吗 吗 吗 吗 吗 吗 吗 吗

出 出 出 出 出 出 出 出 出 出 出 出 出 出 出 出
出 出 出 出 出 出 出 出 出 出 出 出 出 出 出 出

元 元 元 元 元 元 元 元 元 元 元 元 元 元 元 元
元 元 元 元 元 元 元 元 元 元 元 元 元 元 元 元

车两 车两 车两 车两 车两 车两 车两 车两 车两 车两 车两 车两 车两 车两 车两 车两
车两 车两 车两 车两 车两 车两 车两 车两 车两 车两 车两 车两 车两 车两 车两 车两

张 张 张 张 张 张 张 张 张 张 张 张 张 张 张 张
张 张 张 张 张 张 张 张 张 张 张 张 张 张 张 张

些	些	些	些	些	些	些	些	些	些	些	些	些	些
些	些	些	些	些	些	些	些	些	些	些	些	些	些

的	的	的	的	的	的	的	的	的	的	的	的	的	的
的	的	的	的	的	的	的	的	的	的	的	的	的	的

吗	吗	吗	吗	吗	吗	吗	吗	吗	吗	吗	吗	吗	吗
吗	吗	吗	吗	吗	吗	吗	吗	吗	吗	吗	吗	吗	吗

呢	呢	呢	呢	呢	呢	呢	呢	呢	呢	呢	呢	呢	呢
呢	呢	呢	呢	呢	呢	呢	呢	呢	呢	呢	呢	呢	呢

在	在	在	在	在	在	在	在	在	在	在	在	在	在
在	在	在	在	在	在	在	在	在	在	在	在	在	在

里	里	里	里	里	里	里	里	里	里	里	里	里	里
里	里	里	里	里	里	里	里	里	里	里	里	里	里

块	块	块	块	块	块	块	块	块	块	块	块	块	块
块	块	块	块	块	块	块	块	块	块	块	块	块	块

汉字书写练习

岁 岁 岁 岁 岁 岁 岁 岁 岁 岁 岁 岁 岁 岁
岁 岁 岁 岁 岁 岁 岁 岁 岁 岁 岁 岁 岁 岁

家 家 家 家 家 家 家 家 家 家 家 家 家 家
家 家 家 家 家 家 家 家 家 家 家 家 家 家

地 地 地 地 地 地 地 地 地 地 地 地 地 地
地 地 地 地 地 地 地 地 地 地 地 地 地 地

得 得 得 得 得 得 得 得 得 得 得 得 得 得
得 得 得 得 得 得 得 得 得 得 得 得 得 得

吧 吧 吧 吧 吧 吧 吧 吧 吧 吧 吧 吧 吧 吧
吧 吧 吧 吧 吧 吧 吧 吧 吧 吧 吧 吧 吧 吧

过 过 过 过 过 过 过 过 过 过 过 过 过 过
过 过 过 过 过 过 过 过 过 过 过 过 过 过

着 着 着 着 着 着 着 着 着 着 着 着 着 着
着 着 着 着 着 着 着 着 着 着 着 着 着 着

出出出出出出出出出出出出出出
件件件件件件件件件件件件件件
门门门门门门门门门门门门门门
把把把把把把把把把把把把把把
地地地地地地地地地地地地地地
种种种种种种种种种种种种种种
度度度度度度度度度度度度度度

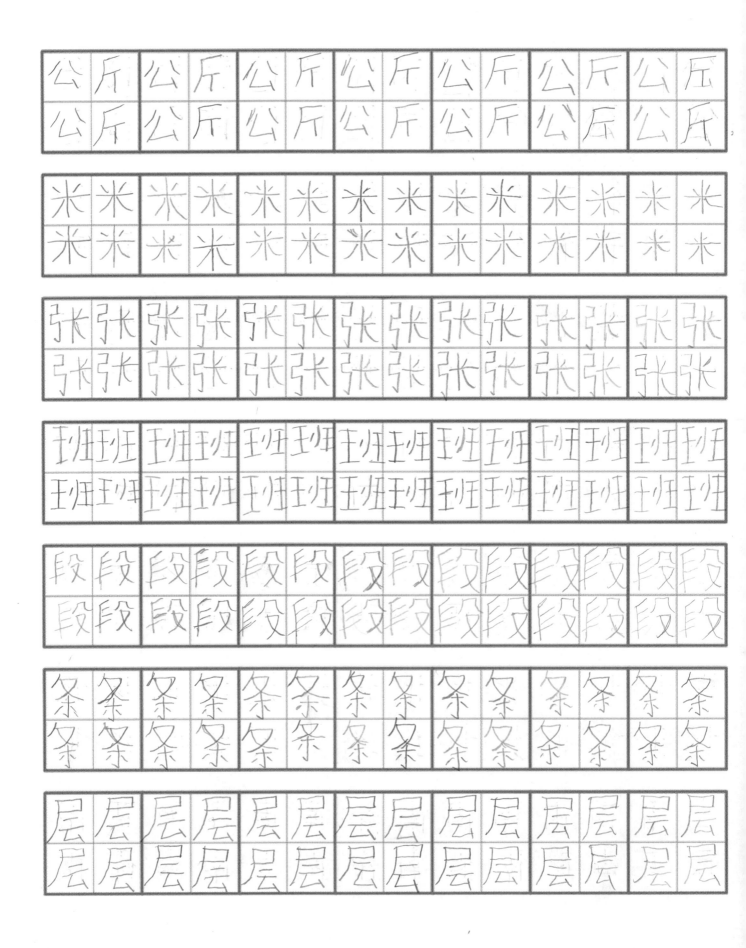

位位位位位位位位位位位位位位位位

车辆 车辆 车辆 车辆 车辆 车辆 车辆 车辆 车辆 车辆 车辆 车辆 车辆 车辆 车辆 车辆

楼楼楼楼楼楼楼楼楼楼楼楼楼楼楼楼

两两两两两两两两两两两两两两两两两两两两

度度度度度度度度度度度度度度度度度度度度

北北北北北北北北北北北北北北北北北北北北北北北北北北

南南南南南南南南南南南南南南南南南南南南南南南南南南

西西西西西西西西西西西西西西
西西西西西西西西西西西西西西

东东东东东东东东东东东东东东
东东东东东东东东东东东东东东

去去去去去去去去去去去去去去
去去去去去去去去去去去去去去

住住住住住住住住住住住住住住
住住住住住住住住住住住住住住

走走走走走走走走走走走走走走
走走走走走走走走走走走走走走

来来来来来来来来来来来来来来
来来来来来来来来来来来来来来

前前前前前前前前前前前前前前
前前前前前前前前前前前前前前

汉字练习

后 后 后 后 后 后 后 后 后 后 后 后 后 后
后 后 后 后 后 后 后 后 后 后 后 后 后 后

左 左 左 左 左 左 左 左 左 左 左 左 左 左
左 左 左 左 左 左 左 左 左 左 左 左 左 左

右 右 右 右 右 右 右 右 右 右 右 右 右 右
右 右 右 右 右 右 右 右 右 右 右 右 右 右

面 面 面 面 面 面 面 面 面 面 面 面 面 面
面 面 面 面 面 面 面 面 面 面 面 面 面 面

是 是 是 是 是 是 是 是 是 是 是 是 是 是
是 是 是 是 是 是 是 是 是 是 是 是 是 是

对 对 对 对 对 对 对 对 对 对 对 对 对 对
对 对 对 对 对 对 对 对 对 对 对 对 对 对

错 错 错 错 错 错 错 错 错 错 错 错 错 错
错 错 错 错 错 错 错 错 错 错 错 错 错 错

méi
没没没没没没没没没没没没没没
没没没没没没没没没没没没没没

yǒu
有有有有有有有有有有有有有有
有有有有有有有有有有有有有有

今天今天今天今天今天今天今天
今天今天今天今天今天今天今天

昨天昨天昨天昨天昨天昨天昨天
昨天昨天昨天昨天昨天昨天昨天

明天明天明天明天明天明天明天
明天明天明天明天明天明天明天

会儿会儿会儿会儿会儿会儿会儿
会儿会儿会儿会儿会儿会儿会儿

xiǎng yào
想要想要想要想要想要想要想要
想要想要想要想要想要想要想要

xǐ huān
喜欢

jué de
觉得

我

对

没

我

做

看看看看看看看看看看看看看看看看看看看看看看

听听听听听听听听听听听听听听听听听听听听听听

想想想想想想想想想想想想想想想想想想想想想想

吃吃吃吃吃吃吃吃吃吃吃吃吃吃吃吃吃吃吃吃吃吃

喝喝喝喝喝喝喝喝喝喝喝喝喝喝喝喝喝喝喝喝喝喝

你怎么样 你怎么样 你怎么样 你怎么样 你怎么样 你怎么样 你怎么样

读读读读读读读读读读读读读读读读读读读读读读

谢谢 谢谢 谢谢 谢谢 谢谢 谢谢 谢谢
谢谢 谢谢 谢谢 谢谢 谢谢 谢谢 谢谢

再见 再见 再见 再见 再见 再见 再见
再见 再见 再见 再见 再见 再见 再见

请请 请请 请请 请请 请请 请请 请请
请请 请请 请请 请请 请请 请请 请请

对不起 对不起 对不起 对不起 对不起 对不起 对不起

没关系 没关系 没关系 没关系 没关系 没关系 没关系

高兴 高兴 高兴 高兴 高兴 高兴 高兴
高兴 高兴 高兴 高兴 高兴 高兴 高兴

喜欢 喜欢 喜欢 喜欢 喜欢 喜欢 喜欢
喜欢 喜欢 喜欢 喜欢 喜欢 喜欢 喜欢

伤心	伤心	伤心	伤心	伤心	伤心
伤心	伤心	伤心	伤心	伤心	伤心

愤怒	愤怒	愤怒	愤怒	愤怒	愤怒
愤怒	愤怒	愤怒	愤怒	愤怒	愤怒

激动	激动	激动	激动	激动	激动
激动	激动	激动	激动	激动	激动

担心	担心	担心	担心	担心	担心
担心	担心	担心	担心	担心	担心

害怕	害怕	害怕	害怕	害怕	害怕
害怕	害怕	害怕	害怕	害怕	害怕

愤怒	愤怒	愤怒	愤怒	愤怒	愤怒
愤怒	愤怒	愤怒	愤怒	愤怒	愤怒

高兴	伤心	愤怒	激动	担心	害怕	喜欢
高兴	伤心	愤怒	激动	担心	害怕	喜欢

高 ✓ 愤

高兴	伤心	愤怒	激动	担心	害怕	喜欢

（练习格中反复书写：高兴／愤怒／激动／担心）

红	橙	黄	绿	蓝	紫	黑

路路	商店	杂货	百货	餐馆	宾馆	银行
路路	商店	杂货	百货	餐馆	宾馆	银行

路路	商店	杂货	百货	餐馆	宾馆	银行
路路	商店	杂货	百货	餐馆	宾馆	银行

老师	老师	老师	老师	老师	老师	老师
老师	老师	老师	老师	老师	老师	老师

学生	学生	学生	医生	医生	医生	医生
学生	学生	学生	医生	医生	医生	医生

朋友	朋友	朋友	朋友	朋友	朋友	朋友
朋友	朋友	朋友	朋友	朋友	朋友	朋友

同学	同学	同事	同事	同事	同事	同事
同学	同学	同事	同事	同事	同事	同事

服务员	服务员	服务员	服务员	服务员	服务员	服务员

它 它 它 它 它 它 它 它 它 它 它 它 它 它
它 它 它 它 它 它 它 它 它 它 它 它 它 它

都 都 都 都 都 都 都 都 都 都 都 都 都 都
都 都 都 都 都 都 都 都 都 都 都 都 都 都

非常 非常 非常 非常 非常 非常 非常
非常 非常 非常 非常 非常 非常 非常

正在 正在 正在 正在 正在 正在 正在
正在 正在 正在 正在 正在 正在 正在

一起 一起 一起 起 起 起 起 起 起 起 起
一起 一起 一起 起 起 起 起 起 起 起 起

都 都 都 都 星期 星期 星期 星期 星期
都 都 都 都 星期 星期 星期 星期 星期

旁边 旁边 旁边 旁边 旁边 旁边 旁边
旁边 旁边 旁边 旁边 旁边 旁边 旁边

都	都	星	期	旁	边	号	号	时	间	时	间	外	外
都	都	星	期	旁	边	号	号	时	间	时	间	外	外

早	上	晚	上	晚	上	现	在	现	在	正	在	正	在
早	上	晚	上	晚	上	现	在	现	在	正	在	正	在

号	号	时	间	外	外	早	上	晚	上	现	在	正	在
号	号	时	间	外	外	早	上	晚	上	现	在	正	在

一	起	一	起	就	就	就	就	就	就	再	再	和	和
一	起	一	起	就	就	就	就	就	就	再	再	和	和

一	起	就	就	再	再	和	和	房	间	起	起	就	就
一	起	就	就	再	再	和	和	房	间	起	起	就	就

离	离	离	离	房	间	房	间	教	室	教	室	教	室
离	离	离	离	房	间	房	间	教	室	教	室	教	室

离	离	房	间	教	室	旁	边	旁	边	非	常	非	常
离	离	房	间	教	室	旁	边	旁	边	非	常	非	常

旁边 非常 狗狗 猫猫 羊羊 马马 牛牛
旁边 非常 狗狗 猫猫 羊羊 马马 牛牛

狗狗 猫猫 羊羊 马马 牛牛 鸟鸟 鸡鸡
狗狗 猫猫 羊羊 马马 牛牛 鸟鸟 鸡鸡

鸟鸟 鸡鸡 鱼鱼 猪猪 猪猪 鸭鸭 鸭鸭
鸟鸟 鸡鸡 鱼鱼 猪猪 猪猪 鸭鸭 鸭鸭

鱼鱼 猪猪 鸭鸭 鼠鼠 鼠鼠 兔兔 兔兔
鱼鱼 猪猪 鸭鸭 鼠鼠 鼠鼠 兔兔 兔兔

鼠鼠 兔兔 鸽鸽 熊猫 熊猫 虫子 虫子
鼠鼠 兔兔 鸽鸽 熊猫 熊猫 虫子 虫子

鸽鸽 熊猫 虫子 蚂蚁 蚂蚁 蛇蛇 蛇蛇
鸽鸽 熊猫 虫子 蚂蚁 蚂蚁 蛇蛇 蛇蛇

蚂蚁 蛇蛇 颜色 颜色 颜色 红色 红色
蚂蚁 蛇蛇 颜色 颜色 颜色 红色 红色

颜色 红色 橙色 橙色 黄色 绿色 绿色
橙色 黄色 绿色 蓝蓝 蓝蓝 紫紫 紫
蓝蓝 紫紫 黑黑 黑黑 黑黑 棕棕 棕
黑黑 棕棕 红红 橙色 黄黄 绿绿 白白
红橙 蓝紫 往往 往往 离离 离离 离离
走走 走走 回回 从从 去去 来来 来
往往 从从 离离 走走 回回 去去 来来

前	前	前	前	后	后	后	后	左	左	左	左	右	右
前	前	前	前	后	后	后	后	左	左	左	左	右	右

右	右	里	里	里	里	外	外	外	外	面	面	面	面
右	右	里	里	里	里	外	外	外	外	面	面	面	面

front back left right inside outside side

前	前	后	后	左	左	里	里	右	右	外	外	面	面
前	前	后	后	左	左	里	里	右	右	外	外	面	面

都	都	非	常	非	常	就	就	就	就	再	再	再	再
都	都	非	常	非	常	就	就	就	就	再	再	再	再

all very then again

都	都	非	常	就	就	再	再	就	就	旁	边	旁	边
都	都	非	常	就	就	再	再	就	就	旁	边	旁	边

就	就	旁	边	爸	爸	妈	妈	我	我	我	我	你	你
就	就	旁	边	爸	爸	妈	妈	我	我	我	我	你	你

dad mom I you

爸	爸	妈	妈	我	我	你	你	您	您	他	他	她	她
爸	爸	妈	妈	我	我	你	你	您	您	他	他	她	她

您	您	他	他	她	她	哥	哥	姐	姐	弟	弟	妹	妹
您	您	他	他	她	她	哥	哥	姐	姐	弟	弟	妹	妹

哥	哥	姐	姐	弟	弟	妹	妹	丈	夫	太	太	先	生
哥	哥	姐	姐	弟	弟	妹	妹	丈	夫	太	太	先	生

丈	夫	太	太	先	生	父	亲	母	亲	名	字	孩	子
丈	夫	太	太	先	生	父	亲	母	亲	名	字	孩	子

父	亲	母	亲	名	字	孩	子	吗	吗	在	在	吧	吧
父	亲	母	亲	名	字	孩	子	吗	吗	在	在	吧	吧

吗	吗	在	在	吧	吧	块	块	的	的	地	地	得	得
吗	吗	在	在	吧	吧	块	块	的	的	地	地	得	得

块	块	的	的	地	地	得	得	的	的	地	地	得	得
块	块	的	的	地	地	得	得	的	的	地	地	得	得

的	的	地	地	得	得	出	出	种	种	家	家	岁	岁
的	的	地	地	得	得	出	出	种	种	家	家	岁	岁

| 出 | 出 | 种 | 种 | 家 | 家 | 岁 | 岁 | 件 | 件 | 把 | 把 | 条 | 条 |
| 出 | 出 | 种 | 种 | 家 | 家 | 岁 | 岁 | 件 | 件 | 把 | 把 | 条 | 条 |

| 件 | 件 | 把 | 把 | 条 | 条 | 里 | 里 | 点 | 点 | 吧 | 吧 | 过 | 过 |
| 件 | 件 | 把 | 把 | 条 | 条 | 里 | 里 | 点 | 点 | 吧 | 吧 | 过 | 过 |

| 里 | 里 | 点 | 点 | 吧 | 吧 | 过 | 过 | 着 | 着 | 公 | 斤 | 米 | 米 |
| 里 | 里 | 点 | 点 | 吧 | 吧 | 过 | 过 | 着 | 着 | 公 | 斤 | 米 | 米 |

| 着 | 着 | 公 | 斤 | 米 | 米 | 些 | 些 | 张 | 张 | 班 | 班 | 段 | 段 |
| 着 | 着 | 公 | 斤 | 米 | 米 | 些 | 些 | 张 | 张 | 班 | 班 | 段 | 段 |

| 些 | 些 | 张 | 张 | 班 | 班 | 段 | 段 | 双 | 双 | 层 | 层 | 楼 | 楼 |
| 些 | 些 | 张 | 张 | 班 | 班 | 段 | 段 | 双 | 双 | 层 | 层 | 楼 | 楼 |

| 双 | 双 | 层 | 层 | 楼 | 楼 | 位 | 位 | 两 | 两 | 车辆 | 车辆 | 度 | 度 |
| 双 | 双 | 层 | 层 | 楼 | 楼 | 位 | 位 | 两 | 两 | 车辆 | 车辆 | 度 | 度 |

| 位 | 位 | 两 | 两 | 车辆 | 车辆 | 度 | 度 | 的 | 的 | 得 | 得 | 地 | 地 |
| 位 | 位 | 两 | 两 | 车辆 | 车辆 | 度 | 度 | 的 | 的 | 得 | 得 | 地 | 地 |

的	的	得	得	地	地	家	家	啊	啊	条	条	块	块
的	的	得	得	地	地	家	家	啊	啊	条	条	块	块

家	家	啊	啊	条	条	夹	夹	漂	亮	漂	亮	漂	亮
家	家	啊	啊	条	条	夹	夹	漂	亮	漂	亮	漂	亮

漂	亮	漂	亮	漂	亮	漂	亮	漂	亮	漂	亮	漂	亮
漂	亮	漂	亮	漂	亮	漂	亮	漂	亮	漂	亮	漂	亮

狗	狗	狗	狗	猫	猫	猪	猪	猪	猪	鸟	鸟	鸟	鸟
狗	狗	狗	狗	猫	猫	猪	猪	猪	猪	鸟	鸟	鸟	鸟

狗	狗	猫	猫	猪	猪	鸟	鸟	熊	熊	熊	熊	兔	兔
狗	狗	猫	猫	猪	猪	鸟	鸟	熊	熊	熊	熊	兔	兔

熊	熊	兔	兔	羊	羊	鱼	鱼	鼠	鼠	鼠	鼠	虫	虫
熊	熊	兔	兔	羊	羊	鱼	鱼	鼠	鼠	鼠	鼠	虫	虫

鼠	鼠	蚂	蚁	鸡	鸡	鸭	鸭	蚂	蚁	鸡	鸡	鸭	鸭
鼠	鼠	蚂	蚁	鸡	鸡	鸭	鸭	蚂	蚁	鸡	鸡	鸭	鸭

米饭 米饭 米饭 香蕉 香蕉 菠萝 菠萝
米饭 米饭 米饭 香蕉 香蕉 菠萝 菠萝

米饭 香蕉 菠萝 果果 果果 吃吃 喝喝
米饭 香蕉 菠萝 果果 果果 吃吃 喝喝

果果 吃吃 喝喝 菜菜 茶茶 苹果 梨梨
果果 吃吃 喝喝 菜菜 茶茶 苹果 梨梨

菜菜 茶茶 苹 果 梨梨 草莓 草莓 西瓜
菜菜 茶茶 苹 果 梨梨 草莓 草莓 西瓜

草莓 草莓 西瓜 草莓 草莓 餐餐 餐餐
草莓 草莓 西瓜 草莓 草莓 餐餐 餐餐

餐餐 肉肉 肉肉 奶奶 奶奶 蛋蛋 蛋蛋
餐餐 肉肉 肉肉 奶奶 奶奶 蛋蛋 蛋蛋

肉肉 奶奶 蛋蛋 麦麦 豆豆 面包 面包
肉肉 奶奶 蛋蛋 麦麦 豆豆 面包 面包

麦 麦 豆 豆 面 包 面 包 面 包 饺 子 饺 子
麦 麦 豆 豆 面 包 面 包 面 包 饺 子 饺 子

面 包 饺 子 饺 子 蔬 菜 蔬 菜 蔬 菜 蔬 菜
面 包 饺 子 饺 子 蔬 菜 蔬 菜 蔬 菜 蔬 菜

饺 子 蔬 菜 菠 菜 菠 菜 菠 菜 蔬 菜 蔬 菜
饺 子 蔬 菜 菠 菜 菠 菜 菠 菜 蔬 菜 蔬 菜

菠 菜 蔬 菜 番 茄 番 茄 花 菜 花 菜 番 茄
菠 菜 蔬 菜 番 茄 番 茄 花 菜 花 菜 番 茄

番 茄 花 菜 豌 豆 豌 豆 番 茄 花 菜 豌 豆
番 茄 花 菜 豌 豆 豌 豆 番 茄 花 菜 豌 豆

番 茄 花 菜 豌 豆 豌 豆 豌 豆 盐 盐 盐 盐
番 茄 花 菜 豌 豆 豌 豆 豌 豆 盐 盐 盐 盐

豌 豆 盐 盐 豌 豆 盐 盐 糖 糖 糖 糖
豌 豆 盐 盐 豌 豆 盐 盐 糖 糖 糖 糖

糖 糖 糖 糖 糖 糖 糖 糖 糖 巧克力 巧克力 胡萝卜 胡萝卜

巧克力 胡萝卜 豌豆 豌豆 汤 汤 盐 盐 菠菜

豌豆 豌豆 汤 汤 红色 红色 橙 橙 黄 黄 绿 绿 蓝 蓝

紫 紫 棕 棕 谁 谁 谁 谁 什么 什么 时候 时候 时候 时候

谁 谁 什么 什么 时候 时候 时候 时候 为什么 为什么 哪里 哪里 哪里 哪里

时候 时候 为什么 么 哪里 哪里 时候 时候 商店 商店 商店 商店 商店 商店

商店 商店 商店 商店 餐馆 餐馆 餐馆 餐馆 餐馆 餐馆 路 路 路 路 路 路

餐馆 路路 杂货 杂货 杂货 杂货 杂货
餐馆 路路 店 店 店 店 店

杂货 饭店 旅游 旅游 旅游 旅游 旅游
店 饭店 旅游 旅游 旅游 旅游 旅游

饭店 旅游 旅游 旅游 旅游 旅游 旅游
饭店 旅游 旅游 旅游 旅游 旅游 旅游

旅游 旅游 旅游 旅游 宾馆 银行 银行
旅游 旅游 旅游 旅游 宾馆 银行 银行

旅游 宾馆 银行 银行 银行 银行 银行
旅游 宾馆 银行 银行 银行 银行 银行

银行 办公 办公 办公 对对 错错 错
银行 楼 楼 楼 对对 错错 错

对对 错错 今天 昨天 会儿 没有 没有
对对 错错 明天 明天 会儿 没有 没有

wrong today tomorrow/yesterday a while/without

错	错	明	天	会	儿	没	有	没	有	想	要	想	要
今	天	昨	天	没	有	没	有	没	有	想	要	想	要

没	有	想	要	想	要	喜	欢	喜	欢	觉	得	觉	得
没	有	想	要	想	要	喜	欢	喜	欢	觉	得	觉	得

想	要	喜	欢	觉	得	喜	欢	喜	得	觉	得	觉	得
想	要	喜	欢	觉	得	喜	欢	喜	得	觉	得	觉	得

想	要	喜	欢	觉	得	喜	欢	喜	欢	觉	得	觉	得
想	要	喜	欢	觉	得	喜	欢	喜	欢	觉	得	觉	得

喜	欢	觉	得	做	做	做	做	好	好	别	别	这	这
喜	欢	觉	得	做	做	做	做	好	好	别	别	这	这

do/make good don't this

做	做	好	好	别	别	这	这	次	次	做	做	等	等
做	做	好	好	别	别	这	这	次	次	做	做	等	等

次	次	做	做	等	等	懂	懂	懂	懂	告	诉	告	诉
次	次	做	做	等	等	懂	懂	懂	懂	告	诉	告	诉

懂	懂	告	斥	还	还	可能	可能	应该	应该
懂	懂	告	斥	还	还	可能	可能	应该	应该

还	还	可能	应该	应该	很	很	忙	忙	每	每
还	还	可能	应该	应该	很	很	忙	忙	每	每

should / very / every / busy

应	该	很	很	每	每	忙	忙	贵	贵	挺	挺	挺	挺
应	该	很	很	每	每	忙	忙	贵	贵	挺	挺	挺	挺

贵	贵	挺	挺	便	宜	便	宜	让	让	题	题	题	题
贵	贵	挺	挺	便	宜	便	宜	让	让	题	题	题	题

cheap / let / question

便	宜	让	让	题	题	题	题	完	完	新	新	新	新
便	宜	让	让	题	题	题	题	完	完	新	新	新	新

question / to finish / new

题	题	完	完	新	新	事	情	事	情	事	情	事	情
题	题	完	完	新	新	事	情	事	情	事	情	事	情

question / matter

题	题	事	情	事	情	因	为	已	经	已	经	也	也
题	题	事	情	事	情	因	为	已	经	已	经	也	也

Made in the USA
Columbia, SC
24 January 2020